MARKETING SUI SOCIAL MEDIA

GUIDA ALLA CRESCITA DEL VOSTRO MARCHIO CON I SOCIAL MEDIA

JACOB KIRBY

CONTENTS

INTRODUZIONE

In un articolo scritto da Investopedia, recentemente aggiornato a giugno 2022, è stato riportato che, nel primo trimestre del 2022, gli utenti dei social media erano oltre 4,6 miliardi a livello globale. Ciò rappresenta circa il 58% della popolazione mondiale. Questa cifra rappresenta un aumento del 10% degli utenti dei social media rispetto all'anno precedente. Questo ci dice che sempre più persone si rivolgono ai social media per passare il tempo, trovare intrattenimento, conoscere le ultime notizie, tenersi aggiornati con amici e familiari e fare networking. I dati indicano che una persona media trascorre più di due ore al giorno sui social media. Inoltre, questa quantità di tempo non viene trascorsa in una sola volta. Spesso gli utenti guardano il telefono nel corso della giornata per vedere se è apparso qualcosa di nuovo nei loro feed o per rispondere ai messaggi ricevuti da amici, familiari e conoscenti.

È indubbio che i social media sono qui per restare. Sono diventati parte integrante della nostra vita e ci forniscono vari motivi per continuare a controllare il telefono in continuazione. Sono diventati il riempitivo del tempo, troppo importante, quando siamo annoiati o ci troviamo di fronte a imbarazzi e silenzi.

È inoltre innegabile che i social media siano diventati un ottimo terreno di gioco per il marketing. Con questa massiccia base di utenti, le aziende si sono rese conto che i social media sono un luogo perfetto per il marketing dei loro prodotti e servizi. Offrono l'opportunità di raggiungere la propria base di clienti con facilità e di raggiungerne di nuovi senza dover mettere piede sul territorio per cercare nuovi clienti porta a porta. Sono finiti i tempi in cui bastava fare dei volantini e mettere su un sito web. Le nuove imprese che vogliono scalare possono sfruttare gli strumenti, le funzioni e le strategie a loro disposizione per commercializzare i loro marchi sui social media.

Non solo le aziende sono diventate consapevoli del fatto che i social media forniscono una nuova piattaforma di marketing, ma anche gli utenti dei social media sono diventati consapevoli del fatto che il marketing è ora parte integrante dei social media e hanno accolto a braccia aperte questo recente sviluppo. All'inizio, gli utenti dei social media erano un po' titubanti di fronte all'aumento del livello di marketing in questo spazio. Dopo tutto, il motivo per cui gli utenti hanno aperto un account sui social media è stato quello di impegnarsi con amici, familiari e altre persone che volevano seguire. Non perché un marchio potesse sbattergli in faccia i propri prodotti e servizi senza doverli avvicinare fisicamente. Tuttavia, questo sentimento non sembra essersi tradotto in una marcia di ribellione contro il marketing. Infatti, oltre l'80% dei consumatori ha dichiarato che i contenuti dei social media hanno avuto un impatto significativo sulle loro decisioni di acquisto. Sprout Social ha riferito che il 68% dei consumatori afferma che i social media danno loro la possibilità di interagire con i marchi e le aziende. Ha anche rilevato che il 43% dei consumatori ha aumentato l'uso dei social media per scoprire nuovi prodotti nell'ultimo anno. Inoltre, il 78% dei consumatori è disposto ad acquistare da un'azienda dopo aver avuto un'esperienza positiva sui social media.

Tutte queste statistiche ci dicono che i social media stanno diventando sempre più il luogo in cui i consumatori interagiscono con i marchi e conoscono meglio i prodotti e i servizi che offrono. I consumatori accettano implicitamente che il marketing sia diventato parte integrante dell'esperienza sui social media e sono consapevoli dei vantaggi che derivano dall'interazione con le aziende sui social media. I social media sono diventati come il marketing fisico: piacciono quando sono buoni, ma sono odiati quando sono cattivi. In entrambi i casi, il problema non è il marketing in sé, ma piuttosto il marketing cattivo e fastidioso.

Dove siamo diretti

Da tutte queste informazioni si possono trarre tre conclusioni. In primo luogo, i social media svolgono ormai un ruolo fondamentale nella vita della maggior parte delle persone in tutto il mondo e il numero di persone che utilizzano i social media è destinato ad aumentare in modo esponenziale nel corso degli anni. In secondo luogo, a causa delle dimensioni dei social media e dell'ampiezza delle opportunità che esistono nello spazio dei social media, molte aziende stanno concentrando i loro sforzi di marketing sui social media. Le aziende e i marchi ora coesistono in questo spazio con i singoli consumatori e spesso si mescolano tra loro per motivi legati ai prodotti e ai servizi offerti dalle aziende. In terzo luogo, data l'ampiezza delle opportunità di marketing che esistono sui social media, sarebbe nell'interesse di ogni azienda iniziare a reindirizzare i propri sforzi di marketing verso lo spazio dei social media (o almeno una parte di essi).

Detto questo, la domanda chiave che potreste porvi è: come si fa a iniziare a commercializzare la propria attività sui social media? Dopo tutto, ci sono così tante piattaforme di social media tra cui scegliere, ognuna delle quali ha le proprie caratteristiche, funzionalità e base di utenti. Il marketing sui social media è un concetto relativamente nuovo se lo paragoniamo ai metodi di marketing tradizionali, come stare per strada a fare sondaggi e distribuire volantini. Ogni azienda sa che il marketing è importante, ma come iniziare a commercializzare la propria attività è la parte difficile dell'equazione. Aggiungere i social media alla matrice del marketing non farà altro che rendere il lavoro molto più difficile.

Lo scopo di questo libro è quello di aiutarvi a iniziare a fare marketing sui social media. È stato concepito per aiutarvi a capire come funzionano tutte le principali piattaforme di social media, quali sono le loro caratteristiche principali ai fini del marketing e quali sono i pro e i contro di ciascuna di esse se decidete di commercializzare il vostro marchio su queste piattaforme. Verranno inoltre illustrati i passi fondamentali da compiere quando si lancia una campagna di social media marketing. Seguire questi passaggi vi aiuterà a realizzare una campagna di marketing di successo che soddisfi i vostri obiettivi di marketing. Parleremo anche del tipo di contenuti che dovreste pensare di utilizzare quando gestite la vostra campagna di social media marketing, per trarne il massimo beneficio e assicurarvi di pubblicare il tipo di contenuti che funzionerà bene con il vostro pubblico di riferimento.

Prima di affrontare tutto questo, inizieremo con una domanda che funge da base per tutto il resto del libro: perché lanciare campagne di marketing per la vostra azienda?

Nel prossimo capitolo faremo una distinzione tra marketing e costruzione del marchio e spiegheremo perché sono entrambi aspetti essenziali della gestione di un'azienda. Vedremo anche come il social media marketing si inserisce in tutto questo e tutti gli altri motivi per cui il social media marketing è diventato estremamente importante per le aziende e i marchi.

CAPITOLO 1: PERCHÉ IL MARKETING E LA COSTRUZIONE DEL MARCHIO SONO ESSENZIALI

Il marketing e la costruzione del marchio sembrano essere aspetti della gestione di un'azienda su cui molte piccole imprese e marchi non dedicano molto tempo. Di conseguenza, si spendono meno risorse, denaro e sforzi per il marketing e la costruzione del marchio. Questo problema è ancora più evidente nello spazio dei social media, dove le aziende e i marchi non fanno abbastanza marketing e costruzione del marchio in questi spazi. Tuttavia, non impegnarsi in questi aspetti della gestione di un'azienda può essere dannoso per il suo successo e per il suo potenziale di attrarre nuovi clienti e di mantenerne di fedeli. Prima di andare avanti, analizziamo il motivo per cui il marketing e la costruzione del marchio sono importanti, per poi passare al ruolo che i social media svolgono in entrambi i casi.

Marketing

Il marketing si riferisce essenzialmente a tutte le attività che un marchio o un'azienda svolge per promuovere il prodotto o il servizio che offre. Lo scopo è quindi quello di attirare nuovi e vecchi clienti verso i propri prodotti e servizi e di generare maggiori vendite. Il marketing può coinvolgere diverse strategie, come la pubblicità, le e-mail, i cartelloni pubblicitari, gli annunci, il traffico web e, cosa più importante ai fini attuali, i social media. È il mezzo con cui le aziende fanno conoscere la propria esistenza ai clienti, li fidelizzano e generano vendite. Ci sono diversi motivi per cui il marketing è importante per qualsiasi piccola impresa o marchio:

Aumentare il pubblico

Il marketing è un'opportunità per coinvolgere il vostro pubblico di riferimento. Vi dà la possibilità di far sapere loro che esistete e di saperne di più sul vostro marchio. In genere, le piccole imprese devono capire chi è il loro mercato di riferimento prima di aprire un negozio e iniziare a vendere i loro prodotti e servizi. In altre parole, devono sapere quali sono i clienti a cui si rivolgono e quali sono le loro esigenze che risolveranno con i loro prodotti e servizi. Tuttavia, per un'azienda o un marchio non è sufficiente sapere qual è il suo pubblico di riferimento. Il fatto che si risponda a una determinata esigenza dei clienti non significa che questi verranno a comprare i vostri prodotti o servizi. Non significa che presteranno attenzione a ciò che fate o che inizieranno a seguire il vostro marchio.

Molto probabilmente, senza un marketing d'impatto, non sarete in grado di attirare clienti o di ottenere un grande seguito. È importante far conoscere la vostra attività o il vostro marchio in modo che le persone lo sappiano. Il cartellone pubblicitario che si rivolge direttamente alle esigenze del cliente o ai suoi problemi è ciò che lo porterà a varcare la soglia della vostra azienda per vedere cosa vendete. Quel tweet che diventa virale è ciò che incuriosisce i potenziali clienti del vostro marchio, che vi seguono sui social media e che, infine, comprano ciò che vendete.

Il marketing, quindi, gioca un ruolo fondamentale nell'aumentare il vostro pubblico e nel generare maggiori vendite.

Condurre una ricerca efficace

Uno degli aspetti più importanti dell'avvio di un'impresa è la ricerca preliminare. Dovete essere in grado di sapere se i vostri prodotti o servizi genereranno il numero di vendite che state cercando. Dovete sapere se la vostra idea imprenditoriale avrà successo o meno. Parte di questo processo consiste nel condurre ricerche: uscire nel mondo per testare le offerte della vostra azienda con il mondo in generale. Parte del marketing consiste nell'incontrare i potenziali clienti e raccogliere le informazioni necessarie per sapere se la vostra idea commerciale funzionerà davvero. Ciò comporta la conduzione di sondaggi, la compilazione di questionari, la sperimentazione di prodotti e servizi con gruppi campione, la pubblicazione di post sui social media per verificare le reazioni del pubblico o la raccolta di feedback da parte di vecchi clienti. Così facendo, vi assicurerete che il vostro prodotto o servizio risponda meglio alle esigenze del vostro mercato di riferimento e possa anche generare vendite.

Rimanere rilevanti

È molto probabile che un marchio o un'azienda scompaiano. Infatti, quasi tutte le piccole imprese falliscono entro i primi 5 anni.

Quando le persone si dimenticano dell'esistenza del vostro marchio o della vostra azienda, o quando il vostro marchio inizia a perdere rilevanza agli occhi dei consumatori, questo è uno dei segni sicuri che le vendite inizieranno a crollare e che l'azienda inizierà ad avere problemi di conseguenza. Il fallimento dell'attività può verificarsi quando l'azienda perde rilevanza agli occhi dei consumatori.

Il marketing offre alle aziende la possibilità di rimanere rilevanti. Campagne pubblicitarie, post sui social media, opuscoli, cartelloni pubblicitari e altre forme di marketing svolgono un ruolo importante nel mantenere i marchi rilevanti. Lo stesso vale per le campagne di marketing che si rivolgono alle esigenze in continua evoluzione dei consumatori o che forniscono commenti sulle ultime notizie. Ad esempio, un social media influencer potrebbe sempre commentare le ultime tendenze e l'attualità. Allo stesso modo, un'azienda potrebbe decidere di fornire prodotti e servizi che aiutino i consumatori ad affrontare nuovi problemi, come quelli sorti a seguito della pandemia COVID-19. Una volta identificato il nuovo problema che i loro prodotti e servizi risolvono, avviano campagne di marketing per informare i consumatori della loro nuova offerta. Tutte queste strategie di marketing svolgono un ruolo importante nel mantenere un marchio rilevante agli occhi dei consumatori.

Performance finanziaria

In generale, il marketing svolge un ruolo importante nella performance finanziaria di un'azienda. Avviando campagne di marketing che si concentrano sul mercato di riferimento, aumentano il pubblico dell'azienda, rispondono alle esigenze e ai problemi dei consumatori, mantengono l'azienda rilevante e catturano l'attenzione dei consumatori, il marketing può guidare le vendite e aumentare il potenziale dell'azienda. In alternativa, l'assenza di marketing può giocare un ruolo importante nella riduzione del pubblico, nella mancanza di rilevanza e nella mancanza di vendite, che porta a scarsi risultati finanziari.

Costruzione del marchio

Che cos'è il branding?

Le aziende, gli imprenditori e i social media influencer hanno in comune diversi aspetti della gestione delle rispettive attività. Un aspetto particolare di grande importanza è il branding. Quando non ci si concentra sulla creazione del proprio marchio, saranno gli altri a farlo per voi, e a volte non è una buona cosa. Quando un'azienda è caratterizzata da un marchio negativo, molto probabilmente perderà alcuni dei suoi clienti e, in ultima analisi, le vendite. Quando il branding è fatto nel modo giusto, l'azienda può prosperare e accogliere nuovi clienti e fidelizzare quelli vecchi.

Il branding è una questione di coerenza. Si tratta di garantire la diffusione di un messaggio coerente su un'azienda e sul suo modo di operare. Anche piccole cose come il logo, il marchio, i colori, i caratteri o gli account sui social media di un'azienda possono dire molto sulla qualità dei prodotti e dei servizi che un'azienda offre e sul fatto che debba essere rispettata o meno. Il branding si ripercuote anche in aree importanti della gestione di un'azienda, come l'esperienza dei clienti in tutte le filiali che l'azienda gestisce. In altre parole, l'azienda è coerente nel modo in cui tratta i clienti in ogni singola filiale? E per quanto riguarda i prodotti che fornisce, ogni prodotto che produce ha una qualità particolare che è riconoscibile indipendentemente da ciò che si acquista da loro? È qui che le strategie di branding si fanno notare.

Pensate ad aziende come Apple. Qualunque sia il dispositivo Apple in vostro possesso, sapete che si tratta di un dispositivo Apple solo guardandolo. L'affidabilità dei dispositivi Apple è profondamente legata all'immagine di Apple presso il pubblico. Ad esempio, se si scoprisse che la durata della batteria di una nuova serie di iPhone sfiora a malapena l'ora, si scatenerebbe un'onda d'urto tra i clienti di Apple e si offuscherebbe la sua immagine. Il marchio Apple ne risulterebbe offuscato. Lo stesso vale se si vede qualcuno entrare in un campo da basket con un paio di Air Jordan e le scarpe si strappano dopo pochi layup. La reazione comune sarà che si tratta di un paio di Air Jordan false. Perché? Perché le Air

Jordan sono state associate a prodotti di qualità. Se in realtà si tratta di un paio di Air Jordan originali, l'immagine del marchio verrà immediatamente offuscata. La gente smetterà di associare le Air Jordan e gli iPhone alla qualità. La gente smetterà di comprarli. Le vendite caleranno. È questo che rende il branding estremamente importante.

Il branding, quindi, crea valore per la vostra azienda. Le strategie di branding aiutano a far sì che i clienti credano nella vostra azienda e acquistino ciò che vendete. I clienti si fidano e si affidano ai vostri prodotti e servizi perché si fidano del vostro marchio. I consumatori vi seguono sui social media e consumano tutti i vostri contenuti perché credono nel vostro marchio. Sono convinti che voi sarete sempre all'altezza della situazione. Il branding, di conseguenza, può darvi un vantaggio sui vostri concorrenti perché vi permette di sviluppare l'immagine del vostro marchio in modo tale da distinguerlo da quello dei vostri concorrenti. Fa capire cosa rende PlayStation migliore di Xbox, iPhone migliore di Samsung, Coca Cola migliore di Pepsi e viceversa.

Come costruire il vostro marchio

Ricerca del pubblico di riferimento

Il branding inizia con il capire chi è il vostro pubblico di riferimento. Dovete conoscere il mercato attuale e sapere anche chi sono i vostri concorrenti. Interagite con loro, partecipate a gruppi di social media, conducete sondaggi e questionari, controllate i subreddit o assumete qualcuno che possa condurre ricerche approfondite per vostro conto. Il punto è costruire il vostro avatar di clienti e sapere chi sono (da dove vengono, età, fascia di reddito, gusti e preferenze, ecc.), quali sono le loro esigenze e i loro problemi, quali sono i marchi che li soddisfano (o che cercano di farlo) e cosa si può fare di meglio. Tutte queste informazioni informeranno la vostra strategia di branding e il modo in cui interagire con loro in futuro.

Chiudere il cerchio della vostra proposta di valore

Una proposta di valore spiega come il vostro prodotto o servizio apporti valore ai potenziali clienti in modo da differenziare il vostro marchio da quello degli altri. In altre parole, dovete essere in grado di identificare quali sono le esigenze del vostro mercato target, come il vostro marchio le soddisfa e cosa dà al vostro marchio quel vantaggio importante rispetto ai vostri concorrenti. Il vostro marchio dovrà essere costruito intorno a questa proposta di valore per attirare la clientela che state cercando e per creare quella coerenza nel branding di cui la vostra azienda ha bisogno.

La vostra proposta di valore determinerà anche lo slogan del vostro marchio. Questo slogan apparirà ovunque e dovunque il vostro marchio esista, per far capire ai clienti che cosa rappresenta e rappresenta il vostro marchio.

Creare la personalità del marchio

Il vostro marchio ha bisogno di una personalità. È una parte di ciò che rende unico il vostro marchio e che giocherà un ruolo fondamentale nell'attrarre clienti fedeli alla vostra azienda. Per costruire la personalità del marchio, dovete chiedervi: se il vostro marchio fosse una persona, come la descrivereste? Qual è la sua personalità? Quale metafora usereste per descriverlo?

La personalità del vostro marchio dovrà poi diffondersi in tutti i suoi aspetti, dalla combinazione di colori al design del logo, dall'aspetto dei negozi al modo in cui vengono trattati i clienti. Per questo motivo, il processo di progettazione del logo e della combinazione di colori della vostra azienda è importante. Sono le prime cose a cui le persone pensano quando pensano al vostro marchio, e sono quelle che lo fanno risaltare quando la gente cammina per strada. Il logo, gli schemi di colori e il marchio comunicano ciò che le persone dovrebbero pensare e sentire del vostro marchio. Fanno parte di ciò che mostra la personalità del vostro marchio.

Creare coerenza

L'ultima fase della costruzione del marchio consiste nel raggiungere la coerenza in ogni sua parte. Questo include i negozi, gli account sui social media, il servizio clienti, gli uffici, ovunque!

La coerenza è il fulcro del branding. I clienti devono sapere che il vostro marchio è affidabile e che possono sempre acquistare i vostri prodotti e servizi senza preoccupazioni. È importante che ciò avvenga fin dall'inizio.

L'importanza dei social media nel marketing e nel branding

È innegabile che i social media svolgano un ruolo massiccio nella società moderna. Nel primo trimestre del 2022, è stato riportato che gli utenti dei social media erano 4,6 miliardi. Oltre il 58% della popolazione mondiale è presente sui social media. I social media hanno cambiato le carte in tavola per quanto riguarda il marketing e la costruzione del marchio e sono un'arma estremamente importante nel vostro arsenale quando si tratta di questi aspetti della gestione di un'azienda. Le ragioni sono molteplici e sono elencate di seguito.

Raggiungere facilmente il proprio pubblico di riferimento

Quando fate una ricerca sul vostro pubblico di riferimento, non è più fondamentale che andiate per strada e incontriate il vostro pubblico di riferimento. Non è necessario mettere i piedi per terra e condurre incontri, sondaggi e questionari. Non è nemmeno necessario lanciare campagne massicce che comportino la stampa di migliaia di opuscoli. Per conoscere il vostro pubblico di riferimento, potete farlo con un semplice clic.

I social media vi danno l'opportunità di stare al passo con i vostri clienti, di unirvi a gruppi di social media, di ospitare spazi e discussioni dal vivo, di generare conversazioni, di conoscere le esigenze e i problemi dei consumatori e di avere un quadro preciso dell'aspetto del vostro pubblico target. Si tratta di un processo di ricerca poco costoso che può essere condotto dalla propria scrivania.

Inoltre, è possibile accedere a una grande quantità di dati sui clienti che vi consentiranno di elaborare un'analisi sufficiente delle abitudini di spesa, delle esigenze, dei desideri e della disponibilità ad acquistare i prodotti e i servizi che vendete. Si tratta di una strada facilmente accessibile per raggiungere il vostro pubblico di riferimento.

Aumentare il pubblico

I social media non solo possono aiutarvi a ricercare e comprendere il vostro pubblico di riferimento, ma possono anche aiutarvi ad aumentare il vostro pubblico di riferimento. Un annuncio pubblicato sui social media può essere visto da milioni di utenti che trascorrono molto tempo su queste applicazioni. Questo vi dà l'opportunità di pubblicizzare e generare un numero molto più elevato di contatti con il vostro sito web e con i vostri prodotti e servizi rispetto a quello che avreste utilizzando altre forme di marketing. Basta che gli utenti vedano il vostro annuncio sui social media, clicchino su un link che porta al vostro sito web, sfoglino i vostri prodotti e servizi e poi acquistino quando sono pronti. In questo modo, aumenterete i vostri contatti, creerete nuovi clienti fedeli e aumenterete di conseguenza le vostre vendite.

Studiate i vostri concorrenti

Molto probabilmente non siete l'unica azienda presente sui social media. È probabile che anche i vostri concorrenti siano presenti sui social media e cerchino di
attingere allo stesso mercato di riferimento. Questo vi offre un modo semplice
per fare ricerche su ciò che fanno i vostri concorrenti. Avete l'opportunità di
esaminare i loro post, le loro offerte, i loro prodotti e servizi e il modo in cui si
comportano sui social media. In questo modo potrete capire facilmente cosa vi
differenzia dai vostri concorrenti e come sfruttarlo nelle vostre interazioni con i
clienti sui social media e al di fuori di essi.

Rimanere rilevanti

Come spiegato in precedenza, uno degli aspetti più importanti del marketing è
assicurarsi che il vostro marchio rimanga rilevante agli occhi del vostro mercato
di riferimento. Una volta dimenticati, è probabile che le vendite diminuiscano
di conseguenza. Uno dei modi per combattere questo problema è avere una
forte presenza sui social media. Gli utenti dei social media consultano queste
piattaforme ogni giorno, spesso decine di volte. Se seguono il vostro marchio sui
social media e si tengono aggiornati su ciò che pubblicate e sulle offerte della vostra
azienda, questo è un modo sicuro per garantire che il vostro marchio rimanga
rilevante agli occhi del vostro mercato di riferimento.

Costruire relazioni con i clienti

Grazie alla presenza online, il vostro marchio ha l'opportunità di essere costantemente in contatto con la sua base di clienti. Pubblicando costantemente messaggi, interagendo con i clienti, fornendo piattaforme per esternare le loro lamentele e affrontare potenziali problemi, consentite ai vostri clienti di impegnarsi con la vostra azienda e di sentirsi ascoltati. Questo è un modo sicuro per costruire una base di clienti fedeli che credono nel vostro marchio perché sentono che la vostra azienda è raggiungibile e reattiva.

Costruire il proprio marchio

I social media offrono un modo facilmente accessibile per costruire il vostro marchio. Attraverso i tipi di post che la vostra azienda fa, il modo in cui interagisce con i clienti, il tipo di contenuti che condivide e il modo in cui si comporta in generale sui social media, la vostra azienda può costruire più facilmente la personalità del suo marchio e mostrare ai potenziali clienti di cosa si occupa la vostra azienda.

Aumento dei rendimenti

In generale, poiché i social media sono generalmente un modo poco costoso di fare marketing e di costruire il marchio, aprono una strada per aumentare la vostra base di clienti, generare più vendite e incrementare le vostre entrate, mantenendo i costi di marketing molto più bassi. Ciò significa che la vostra azienda sarà in grado di aumentare significativamente i suoi profitti con la giusta strategia di social media marketing. È chiaro, quindi, che il social media marketing è un'attività che ogni azienda dovrebbe intraprendere!

CAPITOLO 2: PIATTAFORME DI SOCIAL MEDIA: UNA PANORAMICA

Gli utenti dei social media sono viziati dalla presenza di ogni sorta di piattaforme di social media diverse, che possono scegliere a seconda delle loro esigenze e dei loro desideri. Ogni piattaforma ha il suo pubblico di riferimento e offre diverse opportunità alle aziende e ai marchi per condurre le loro attività di marketing. Ogni piattaforma ha i suoi pro e i suoi contro e ogni piattaforma ha un proprio potenziale di marketing. Le strategie da adottare per ognuna di queste piattaforme saranno diverse a causa del fatto che sono tutte impostate in modo distinto e si rivolgono a pubblici diversi.

Alla luce di quanto detto, è necessario approfondire le principali piattaforme di social media tra cui scegliere quando si decide dove commercializzare il proprio marchio. Esamineremo le loro offerte, le caratteristiche, i pro e i contro.

Facebook

Facebook è da tempo la più grande piattaforma di social media al mondo. A luglio 2022, Facebook conta oltre 2,9 miliardi di utenti. Il suo concorrente più prossimo è YouTube, che conta oltre 2,4 miliardi di utenti. Facebook è una piattaforma che consente agli utenti di creare profili e di connettersi online con amici e familiari, oltre che con aziende, organizzazioni e gruppi in linea con i loro interessi. Possono anche seguire i loro personaggi famosi, leader e influencer preferiti. La versatilità di Facebook significa che la piattaforma può essere utilizzata dagli utenti per un'ampia varietà di motivi e che ogni tipo di contenuto può essere condiviso sulla piattaforma utilizzando diversi mezzi. Essendo uno dei giganti dello spazio dei social media, le aziende non possono rinunciare a cercare di commercializzare il proprio marchio su questa piattaforma.

Caratteristiche principali del marketing

Un pubblico eterogeneo

La base di 2,9 miliardi di utenti di Facebook proviene da tutti i ceti sociali e si estende a diversi Paesi, aree demografiche, livelli di reddito, professioni e convinzioni. Ciò offre alle aziende l'opportunità di trovare il proprio pubblico di riferimento all'interno del vasto universo di Facebook per scopi di marketing. Inoltre, le aziende hanno l'opportunità di interagire con utenti di diversa provenienza e di entrare a far parte di gruppi Facebook che possono aiutarle nella ricerca e nel miglioramento dei loro prodotti e servizi.

Potenziale di marketing locale

Facebook può funzionare come un elenco di aziende locali. Gli utenti hanno la possibilità di cercare le aziende locali nella loro zona che forniscono un determinato prodotto o servizio. A questo si aggiunge il fatto che almeno il 60% degli utenti visita la pagina di un'azienda locale su Facebook almeno una volta alla settimana. Ciò significa che le aziende hanno l'opportunità di entrare in contatto con i clienti della loro zona attraverso la promozione della loro pagina su Facebook e il collegamento con la comunità locale.

Opportunità pubblicitarie

Facebook è una delle principali piattaforme pubblicitarie del momento. È stato riportato che gli annunci su Facebook possono raggiungere fino al 36,7% della popolazione adulta. Si confronti questo dato con quello di Twitter, che si ferma al 6,5%. È stato inoltre dimostrato che l'utente medio di Facebook clicca su 12 annunci al mese.

Tutto questo significa che gli annunci su Facebook sono una tattica di marketing che può rivelarsi essenziale per le aziende. Vi dà l'opportunità di far conoscere il vostro marchio e di raggiungere un ampio spettro di pubblico, cosa che probabilmente non avreste potuto fare senza Facebook.

Tuttavia, va detto a questo punto che, sebbene Facebook abbia un grande potenziale di marketing per quanto riguarda la quantità di persone che si possono raggiungere con una campagna pubblicitaria, statisticamente Facebook non è necessariamente il posto migliore per raggiungere un nuovo pubblico. Tuttavia, è fantastico per individuare e comunicare con il pubblico attuale.

Costruire relazioni con la comunità

Facebook offre diversi modi per entrare in contatto con il proprio pubblico. Questi metodi offrono alle aziende l'opportunità di costruire relazioni con la propria comunità e quindi di costruire il proprio marchio, creare clienti fedeli e aumentare le vendite. Facebook consente alle aziende di fornire informazioni sulle loro pagine, tra cui annunci, orari di apertura dei negozi, vendite, eventi e altre informazioni. In questo modo, le aziende possono attirare traffico sulle loro pagine Facebook ed eventualmente far sì che i clienti effettuino acquisti sulla base dei post pubblicati sulla pagina Facebook.

Contro dell'utilizzo di Facebook per il marketing

L'algoritmo lavora contro di voi

L'algoritmo di Facebook influisce pesantemente sui contenuti che gli utenti vedono quando aprono l'app di Facebook e sull'ordine in cui li vedono. Le modalità esatte con cui l'algoritmo opera sono cambiate nel tempo. In generale, Facebook non ordina i post nel feed di un utente in ordine cronologico. In altre parole, il fatto che abbiate pubblicato qualcosa cinque minuti fa non significa che gli utenti vedranno quel post oggi. Piuttosto, Facebook organizza i post sul feed di un utente in base a ciò che è più rilevante per quell'utente. Nel 2018, Facebook ha annunciato che darà priorità ai post di amici e familiari rispetto ad altri tipi di post. Questo ha reso più difficile per i marchi commercializzare i propri prodotti e servizi agli utenti senza utilizzare annunci a pagamento.

Più di recente, Facebook ha chiarito che gli utenti vedono spesso nel loro newsfeed i post di amici e familiari, le pagine che seguono e i post delle pagine seguite dai loro amici. Facebook dà inoltre priorità al tipo di contenuti con cui i singoli utenti interagiscono di solito di più. Quindi, se un utente interagisce maggiormente con i video, il suo feed mostrerà più video. Facebook dà inoltre priorità ai post con un elevato coinvolgimento, soprattutto se gli amici dell'utente hanno interagito con quel post.

Di conseguenza, le aziende che intendono commercializzare se stesse su Facebook devono elaborare una strategia che tenga conto del funzionamento dell'algoritmo di Facebook.

Privilegiare il coinvolgimento

In relazione al punto precedente, Facebook richiede un impegno costante con i propri follower. In caso contrario, è più probabile che il vostro marchio non appaia spesso nel vostro feed. Ciò significa che le aziende devono interagire regolarmente con i propri follower e pubblicare regolarmente contenuti, altrimenti rischiano di perdere visibilità nei feed dei loro follower.

Instagram

Instagram è un altro gigante dei social media che esiste da un tempo relativamente lungo. È una piattaforma che privilegia soprattutto le foto e i video che gli utenti possono creare e con cui possono interagire sulla propria timeline e sugli aggiornamenti di stato postati da coloro che seguono. Attualmente Instagram conta oltre 1,4 miliardi di utenti. Tuttavia, dal punto di vista demografico, non è così diversificato come Facebook. La stragrande maggioranza degli utenti di Instagram è relativamente giovane (sotto i 35 anni). Di questa fascia d'età, la maggior parte vive in aree urbane. I tipi di strategie di marketing più ideali per Instagram ruotano attorno all'uso di immagini per commercializzare la vostra azienda e i suoi prodotti e servizi. Le foto e i video postati devono interessare il pubblico più giovane. In altre parole, devono interessare il pubblico dei millennial e della generazione Z.

Caratteristiche principali del marketing

Una grande piattaforma per l'e-commerce

Instagram è al primo posto tra le piattaforme social in termini di "intenzione di acquisto". Vale a dire, la probabilità che un utente acquisti qualcosa in base a ciò che vede nei suoi feed. L'influenza di Instagram sulle abitudini di spesa dei suoi utenti non può essere sopravvalutata. Le statistiche a questo proposito sono sbalorditive. In un recente studio, è stato riportato che l'81% degli utenti ha dichiarato che Instagram li ha aiutati a ricercare e trovare nuovi prodotti o servizi. È stato inoltre riportato che il 72% degli utenti ha preso decisioni di acquisto sulla base di ciò che ha visto su Instagram. Il 50% degli utenti ha finito per visitare un sito web per acquistare un prodotto o un servizio dopo averlo visto su Instagram. Inoltre, ogni mese circa 130 milioni di utenti visualizzano post relativi allo shopping.

Di conseguenza, il potenziale del marketing su Instagram non può essere sottovalutato. Instagram è diventato un hub per l'ecommerce e gli utenti sono generalmente più aperti a fare shopping su Instagram e ad acquistare prodotti e servizi in base a ciò che vedono sulla piattaforma.

Alto coinvolgimento organico

Ricordiamo che Facebook si colloca piuttosto in basso tra le altre piattaforme di social media in termini di coinvolgimento organico. In altre parole, è molto difficile per le aziende raggiungere un nuovo pubblico senza dover pagare per gli annunci su Facebook. Instagram è l'opposto in questo senso. Instagram ha la più alta portata organica rispetto ad altre piattaforme di social media. Ciò significa che le aziende hanno maggiori possibilità di raggiungere un nuovo pubblico senza dover pagare per gli annunci su Instagram rispetto a qualsiasi altra piattaforma di social media.

Il parco giochi degli influencer

Instagram è generalmente la piattaforma principale utilizzata dagli influencer sui social media. Instagram è il luogo in cui raccolgono il maggior numero di seguaci e in cui pubblicano la maggior parte dei contenuti. Di conseguenza, molti marchi spendono la maggior parte del loro budget per gli influencer su Instagram. Attraverso i post pubblicati su Instagram dai social media influencer, le aziende sfruttano queste opportunità per pubblicizzare i loro marchi a un nuovo pubblico e cercare di attirare nuovi clienti. Non sorprende quindi che sia diventata una tendenza spendere più soldi per gli influencer su Instagram che su altre piattaforme di social media.

Contro dell'utilizzo di Instagram per il marketing

Tipi di messaggi limitati

Come già accennato in precedenza, Instagram pone limitazioni significative a ciò che è possibile pubblicare sulla piattaforma. Il protagonista di ogni post deve essere una foto o un video. Naturalmente, è possibile aggiungere materiale scritto nella didascalia del post, ma anche in questo caso si tratta di un azzardo perché gli utenti di Instagram tendono a sfogliare i loro feed con una breve soglia di attenzione. L'uso di immagini e video brevi significa che gli utenti si aspettano di passare solo un paio di secondi a vedere un post prima di scorrere a quello successivo. A meno che la didascalia non contenga qualcosa di molto importante o non susciti la loro curiosità, è improbabile che la leggano. Pertanto, con Instagram, in genere ci si limita a pubblicare foto e video.

Una soluzione a questo problema potrebbe essere la presenza di materiale scritto in una foto pubblicata su Instagram. Tuttavia, questo tipo di post deve essere facile da vedere e deve essere in grado di suscitare negli utenti un interesse tale da spingerli a leggerlo.

Twitter

Twitter è tutto un twittare. Gli utenti sono liberi di pubblicare i tweet con qualsiasi mezzo, che si tratti di tweet scritti, foto, video o una combinazione di alcune di queste opzioni. Ciò che differenzia Twitter da altre piattaforme di social media che consentono la pubblicazione di messaggi scritti è il limite di 280 caratteri. La piattaforma non consente di pubblicare post scritti più lunghi. Twitter ha attualmente oltre 396 milioni di utenti attivi. La sua base di utenti è quindi molto inferiore a quella di altri giganti dei social media come Instagram e Facebook. Ciononostante, si tratta di una piattaforma di social media che presenta dei vantaggi che potreste prendere in considerazione.

Caratteristiche principali del marketing

Rivolgersi a un pubblico più ampio

Twitter funziona in modo tale che quando un utente mette un "mi piace", commenta o ritwitta un tweet, i suoi follower vedranno probabilmente questo tweet comparire sulla loro timeline, oltre a qualsiasi reazione dell'utente al tweet. La conseguenza è che un tweet può raggiungere un pubblico molto più ampio dei follower dell'utente che lo ha pubblicato, perché una volta che i suoi follower reagiscono al tweet (mettendo "mi piace", commentando o ritwittando), anche i loro follower vedranno il tweet sul loro feed, creando così una reazione a catena che aumenta esponenzialmente il numero di persone che vedono un tweet.

Tutto ciò rende più facile per le aziende commercializzare il proprio marchio. Se le aziende costruiscono un seguito fedele su Twitter e pubblicano contenuti che creano coinvolgimento, è probabile che continuino a far conoscere il loro nome e a raggiungere un nuovo pubblico con i loro prodotti e servizi.

Reportage giornalistico

Tra tutte le piattaforme di social media, Twitter è quella più utilizzata per riportare le notizie. Secondo Statistica, il 56% degli utenti riceve le notizie da Twitter, mentre solo il 36% da Facebook. Se si considera il modo in cui Twitter è impostato, questa statistica ha senso. La maggior parte dei principali network di informazione ha un account Twitter e molti giornalisti che lavorano per questi network e per altri network minori twittano regolarmente le notizie su Twitter. Twitter ha anche una scheda che permette di sapere cosa è "di tendenza" nella propria località. In altre parole, offre l'opportunità di scoprire quali sono gli argomenti o gli hashtag su cui le persone stanno twittando e conversando. In questo modo gli utenti sono sempre aggiornati su quali sono gli argomenti/discussioni/notizie/meme più recenti.

Twitter è diventato anche un centro per personaggi popolari che forniscono aggiornamenti su argomenti rilevanti per determinate comunità. Ad esempio, i giornalisti di calcio sono diventati più importanti su Twitter, soprattutto durante la finestra di trasferimento, quando i club calcistici acquistano e vendono giocatori. Altri esempi sono l'industria dei videogiochi, dove varie personalità e marchi forniscono regolarmente aggiornamenti su ciò che accade nel mondo dei videogiochi. Lo stesso vale per altri settori come gli sport, le criptovalute, la tecnologia, le automobili o persino per argomenti di nicchia come la famiglia reale nel Regno Unito.

Le aziende e i marchi che hanno un modo di coinvolgere gli utenti attraverso le notizie e i commenti sulle tendenze/argomenti possono trovare un modo per costruirsi un seguito e far conoscere il proprio marchio agli altri utenti, in modo che possano conoscere i prodotti e i servizi correlati offerti dal marchio.

Servizio clienti

È interessante notare che Twitter è diventata la piattaforma di social media dove i consumatori si rivolgono ai marchi e alle aziende per motivi legati al servizio clienti. Non è strano trovare nel proprio feed qualcuno che si lamenta di un marchio o twitta una domanda in cui menziona quel marchio. Alcuni utenti inviano anche un messaggio diretto al marchio, chiedendo di risolvere un problema. In questo modo, i marchi possono instaurare relazioni con i clienti e costruirsi una reputazione di rapidità di risposta e di reale ascolto dei clienti e dei cambiamenti.

Demografia di genere

Le statistiche mostrano che gli utenti di sesso maschile dominano generalmente lo spazio di Twitter. Un rapporto ha rilevato che la base di utenti di Twitter a livello globale era composta per il 70% da uomini. Un altro rapporto ha rilevato che il "pubblico pubblicizzabile" di Twitter è al 60% maschile. In altre parole, dal punto di vista demografico, una forte maggioranza degli utenti di Twitter a cui i brand pubblicizzano i propri prodotti e servizi è di sesso maschile. I marchi devono quindi essere strategici su come navigare in questo spazio per scopi di marketing, soprattutto se i prodotti e i servizi venduti da quel marchio si rivolgono generalmente a un pubblico femminile.

Contro dell'utilizzo di Twitter per il marketing

Il coinvolgimento è il nome del gioco

Così come Facebook richiede di coinvolgere gli utenti per rimanere rilevanti, anche Twitter richiede di impegnarsi costantemente con i propri follower per rimanere rilevanti. Se non twittate da un po' di tempo o non mettete un like, un commento o un retweet, probabilmente non comparirete più nei feed dei vostri follower e non riceverete alcun coinvolgimento da parte loro. Dovete twittare spesso e impegnarvi con i vostri follower. Se volete raggiungere un nuovo pubblico, dovete creare un tipo di post che generi molte reazioni e che quindi raggiunga la vostra rete di utenti.

Inoltre, non potete permettervi di ignorare le lamentele e le domande degli utenti. Questo non farà altro che influenzare negativamente il vostro marchio e abbassarne la reputazione agli occhi dei clienti. Allo stesso modo, le risposte negative a ciò che i clienti dicono o twittano devono essere evitate a tutti i costi.

Limitazioni ai tweet

Come spiegato in precedenza, Twitter pone un limite di 280 caratteri a ciò che è possibile pubblicare sulla piattaforma. Ciò rende molto difficile le strategie di marketing che prevedono post di lunga durata.

L'algoritmo di Twitter

Twitter generalmente mostra agli utenti i post più recenti nei loro feed. Pertanto, è più difficile coinvolgere i follower se non si pubblica spesso o se i propri messaggi si perdono nel feed dell'utente perché ci sono molti tweet da leggere. Tuttavia, Twitter compensa questo inconveniente suggerendo determinati argomenti nel feed di un utente o inserendo tweet di persone che l'utente non segue, ma che sono seguite da qualcuno che l'utente stesso segue. Quindi, se un utente segue il marchio A, i tweet del marchio B potrebbero comparire nella sua timeline perché il marchio A segue il marchio B. Non dimentichiamo inoltre che gli utenti possono vedere determinati post perché le persone che seguono hanno apprezzato, commentato o retwittato quel post.

Le aziende devono quindi costruire strategie in grado di sfruttare l'algoritmo di Twitter per essere efficaci.

LinkedIn

Ciò che ha sempre distinto LinkedIn dalle altre piattaforme di social media è l'idea che LinkedIn sia il luogo del networking professionale. Gli utenti entrano in questa piattaforma per interagire con colleghi, aziende, leader d'azienda, organizzazioni e altri professionisti, ma anche per cercare e pubblicare offerte di lavoro. La piattaforma di social media conta circa 830 milioni di utenti, composti da individui, aziende e organizzazioni. La piattaforma, quindi, come ci si aspetterebbe, ha un'atmosfera più formale rispetto ad altre piattaforme di social media. Gli influencer su questa piattaforma tendono a concentrarsi su ciò che hanno raggiunto nella loro carriera e su come gli altri possono fare lo stesso.

Caratteristiche principali del marketing

Forte marketing business-to-business (B2B)

Il marketing B2B, in sostanza, consiste nell'utilizzo di varie strategie di marketing da parte di un'azienda per farsi pubblicità presso altre aziende, con l'obiettivo di vendere i propri prodotti e servizi a queste ultime. Questi prodotti e servizi sono progettati per soddisfare le esigenze di altre aziende. Un'azienda può, ad esempio, offrire soluzioni informatiche ad altre imprese o vendere prodotti ai rivenditori. Quindi, mentre il marketing business-to-consumer cerca di commercializzare soluzioni ai problemi dei singoli consumatori, il marketing B2B cerca di commercializzare soluzioni ad altre aziende che risolvano i loro problemi.

Tra le diverse piattaforme di social media, LinkedIn è probabilmente la scelta migliore per il marketing B2B. LinkedIn genera attualmente oltre la metà di tutto il traffico che passa dalle piattaforme di social media ai siti web B2B. Oltre l'80% dei lead B2B proviene inoltre da LinkedIn. Questo fa di LinkedIn un centro di potere per il marketing B2B e il luogo migliore per le aziende che vendono prodotti e servizi ad altre aziende.

Coinvolgimento organico

LinkedIn si colloca al secondo posto rispetto a Instagram in termini di potenziale di coinvolgimento organico di nuovi pubblici senza dover ricorrere agli annunci pubblicitari. Data la natura della piattaforma, gli utenti sono generalmente più ricettivi ai post di marketing delle aziende nei loro feed.

Base di utenti professionali e di alto profilo

La maggior parte delle grandi aziende e degli influencer professionali sono su LinkedIn. Come azienda che commercializza B2B, quindi, avete un'enorme opportunità di far conoscere il vostro nome e di interagire con altri grandi marchi che possono diventare clienti importanti per la vostra azienda. Lo stesso vale per chi si rivolge agli influencer professionisti con i propri prodotti e servizi. La loro co-firma può contribuire ad aumentare la notorietà del vostro marchio e ad accogliere nuovi clienti nella vostra azienda.

Inoltre, LinkedIn è un'ottima piattaforma per le aziende che si rivolgono a professionisti come commercialisti, avvocati, dirigenti d'azienda e consulenti. È il luogo
in cui tutti loro si incontrano e si aspettano di fare rete. Se la vostra azienda si
rivolge a questo tipo di pubblico, LinkedIn è il posto migliore per voi.

Contro dell'utilizzo di LinkedIn per il marketing

Focus molto limitato

I punti di forza di LinkedIn come piattaforma di social media sono anche i suoi
punti deboli. Poiché LinkedIn è generalmente considerato una rete professionale
in cui si collegano professionisti e aziende, le vostre strategie di marketing saranno
molto limitate in questo senso. Inoltre, anche il vostro pubblico di riferimento
sarà fortemente limitato, poiché le persone utilizzano LinkedIn solo per motivi
di carriera e di lavoro. È improbabile che riusciate a vendere prodotti e servizi che
non si adattano al tema generale o al pubblico di LinkedIn.

Limitazioni creative

LinkedIn non vede di buon occhio il tipo di post che si possono fare su Instagram,
YouTube o TikTok. I mezzi di comunicazione che potete utilizzare per pubblicare
qualcosa su LinkedIn sono in gran parte limitati e i post che non sono incentrati
sul business o sulla carriera saranno spesso considerati strani dagli utenti. Dovrete
quindi curare con attenzione i vostri contenuti in modo che siano adatti a ciò che
gli utenti di LinkedIn si aspettano di vedere nel loro feed.

L'algoritmo di LinkedIn

L'algoritmo di LinkedIn è un po' più pignolo di quello di altre piattaforme di social media. Non si basa semplicemente sulla cronologia o sulla rilevanza dei post che un utente vede. Piuttosto, c'è un processo che viene seguito per ogni post pubblicato da un utente su LinkedIn. In primo luogo, LinkedIn filtra lo "spam" e altri contenuti di bassa qualità dal resto. Dopo questo processo, testa il post con un pubblico ristretto. Se il post ottiene un grande coinvolgimento, verrà mostrato a un numero maggiore di follower e potrebbe anche notificare ai follower che il post sta ricevendo un grande coinvolgimento. In questo caso, LinkedIn potrebbe addirittura inviare i contenuti ad altri utenti al di fuori dei vostri seguaci.

È quindi importante che le aziende riflettano seriamente su ciò che pubblicano per scopi di marketing, altrimenti i loro contenuti non raggiungeranno un'ampia varietà di pubblico. Soprattutto per quanto riguarda LinkedIn, è importante prendersi del tempo per capire come funziona l'algoritmo e agire di conseguenza.

TikTok

TikTok, rispetto a tutte le altre piattaforme di social media trattate in questo capitolo, è il nuovo arrivato. È arrivata sulla scena nel 2016 come app per la condivisione di video con cui gli utenti possono divertirsi a creare brevi videoclip e a farsi intrattenere dai video creati da altri utenti. La maggior parte dei video condivisi su TikTok ha una durata di 15 secondi. Gli utenti possono anche condividere video di 60 secondi nelle loro storie. Nel corso degli anni, i tipi di video condivisi dagli utenti sono diventati sempre più vari, soprattutto grazie al coinvolgimento di utenti di diverse estrazioni sociali sulla piattaforma. Ciò che rende TikTok un po' diverso dalle altre piattaforme di social media è che non è necessario seguire qualcuno. Si può semplicemente aprire la pagina Discover e guardare video all'infinito. Alla fine del 2021, TikTok contava 1,2 miliardi di utenti mensili e si sta rapidamente avvicinando ai 2 miliardi! Inoltre, la maggior parte degli utenti di TikTok sono giovani (di età inferiore ai 30 anni).

Caratteristiche principali del marketing

È tutta una questione di intrattenimento (per lo più)

Il 60% degli utenti di TikTok afferma che il motivo principale per cui utilizza la piattaforma è la ricerca di intrattenimento. Questo ovviamente gioca un ruolo importante nel tipo di contenuti che le aziende pubblicano su TikTok. I video utilizzati per il marketing di un'azienda su TikTok devono essere divertenti da guardare per gli utenti, altrimenti si rischia di non generare molto traffico sul proprio canale TikTok.

Tuttavia, un'altra cosa da considerare è il fatto che, sebbene l'intrattenimento sia in cima alla lista dei motivi per cui gli utenti guardano i video su TikTok, altri motivi includono il fatto che i video siano di ispirazione, forniscano brevi aggiornamenti sulle ultime tendenze, abbiano un aspetto emotivo o siano relazionabili. Se non siete sicuri della capacità della vostra azienda di generare video divertenti, allora potreste provare questi altri tipi di video e vedere quanto successo hanno. Altrimenti, è meglio provare altre piattaforme di social media se l'intrattenimento non è la vostra tazza di tè.

Un altro hub per gli influencer

TikTok si sta affermando come il luogo ideale per gli influencer. Ora è la seconda piattaforma più popolare per gli influencer dopo Instagram. Pertanto, è un'altra opportunità per le aziende di collaborare con gli influencer per aumentare la consapevolezza del marchio e raggiungere un maggior numero di clienti che desiderano acquistare i loro prodotti e servizi.

Contro dell'utilizzo di TikTok per il marketing

Spazio di manovra limitato

Le caratteristiche principali di TikTok sono anche i suoi punti deboli. Poiché è possibile creare solo video molto brevi che abbiano un valore di intrattenimento, ai brand rimane ben poco da fare in termini di marketing su questa piattaforma di social media. L'elemento centrale dell'intero processo è la realizzazione di un video. Non si può prescindere da questo. Se il vostro marchio non è in grado di farlo, allora questa piattaforma di social media non è l'opzione migliore per il vostro marchio.

<u>YouTube</u>

YouTube è il colosso dei social media per la condivisione di video. Si differenzia da TikTok per il fatto che non ci sono limiti ai tipi di video che gli utenti possono condividere. Si può trattare di video brevi, della durata di un minuto, o di lunghi saggi video che si protraggono per un'ora. I canali più popolari su YouTube tendono a essere costituiti da singoli individui o da un gruppo di creatori che non fanno parte di un'azienda o di una società, ma piuttosto da individui che hanno deciso di realizzare video su argomenti che amano o a cui sono interessati. YouTube è uno spazio per una serie di creatori diversi e in genere c'è qualcosa per tutti. Ci sono highlights di giochi sportivi, tutorial su come fare, canali di gioco, canali di recensioni di film e serie, canali di video musicali, canali di cucina, commenti sociali; l'elenco è infinito. YouTube ha più di 2,6 miliardi di utenti attivi mensili. È davvero una delle piattaforme più dominanti nello spazio dei social media.

Caratteristiche principali del marketing

Lavorare con i creatori

Su YouTube ci sono molti creatori che hanno superato il milione di iscritti e che hanno centinaia di migliaia di persone che guardano ogni singolo video che pubblicano. Un'attività collaterale comune per questi creatori è quella di guadagnare con la pubblicità breve dei marchi sui loro video. Questo espone i marchi al pubblico di massa a cui questi creatori si rivolgono e dà a questi marchi l'opportunità di ottenere nuovi clienti attraverso i contenuti promozionali su YouTube. Se non siete in grado di creare video e generare un grande seguito per il vostro marchio, questa potrebbe essere la strada da percorrere per entrare in questo mercato.

Diversità dei contenuti

YouTube non si avvicina minimamente a TikTok per quanto riguarda le restrizioni che TikTok pone ai creatori in termini di contenuti che possono creare. YouTube offre ai creatori la libertà di realizzare qualsiasi tipo di video e per tutta la durata che desiderano. I creatori possono persino pubblicare video che riproducono solo l'audio o persino un episodio di podcast in formato video. Questo dà quindi ai brand un ampio margine di manovra per creare il tipo di video che desiderano per attirare gli utenti verso il loro marchio.

Risultati di Google

Una delle caratteristiche più vantaggiose di YouTube è che i vostri video possono comparire nelle ricerche di Google. Con le giuste strategie e ottimizzazioni, potete aumentare in modo esponenziale la notorietà del vostro marchio, rendendo il vostro video il primo risultato di ricerca per un argomento strettamente correlato ai prodotti e ai servizi che la vostra azienda offre.

Contro dell'utilizzo di YouTube per il marketing

Dovete fare dei video

Come per l'utilizzo di TikTok a fini di marketing, la chiave del successo è la capacità di realizzare buoni video. Dovete proporre il giusto tipo di contenuti, avere le risorse giuste per realizzare e modificare i video ed essere in grado di far sì che molti utenti guardino e apprezzino i vostri video. Se non siete in grado di farlo, o se non avete qualcuno nel vostro team in grado di farlo, allora è meglio utilizzare un'altra piattaforma di social media.

Snapchat

Un gigante dimenticato nello spazio dei social media è Snapchat. È diventato uno di quegli argomenti di cui ci si ricorda solo quando qualcuno lo nomina di sfuggita o quando lo si legge nelle notizie. Questo non significa però che Snapchat sia caduto in disgrazia. Al contrario. A giugno 2022, Snapchat conta 400 milioni di utenti attivi mensili.

Per quanto riguarda il suo funzionamento, in parole povere, Snapchat è una piattaforma in cui gli utenti possono condividere immagini e video tra loro. L'unica differenza rispetto ad altre piattaforme di social media dove è possibile fare lo stesso è che questi contenuti sono temporanei. In altre parole, è disponibile solo per un breve periodo di tempo. Una volta trascorso questo periodo, il post scompare e non è più accessibile. Si potrebbe sostenere che questa sia stata la ragione che ha spinto altre piattaforme di social media a consentire agli utenti di pubblicare "aggiornamenti di storie" che sono disponibili solo per 24 ore prima di scomparire.

Come TikTok, Snapchat è in gran parte un gioco per giovani utenti. Il 78% degli utenti di Snapchat ha un'età compresa tra i 15 e i 35 anni. Snapchat sostiene inoltre di raggiungere il 75% di tutti i giovani tra i 13 e i 34 anni negli Stati Uniti. Che sia vero o meno, resta il fatto che il mercato di riferimento di Snapchat è il pubblico più giovane.

Caratteristiche principali del marketing

Marketing basato sulla localizzazione

Una delle caratteristiche più importanti che Snapchat può offrire alle aziende è il marketing basato sulla localizzazione. Snapchat ha una funzione chiamata Snap Map. Questa funzione consente di trovare utenti e aziende nelle vicinanze e di interagire con loro o di seguirli. Un recente rapporto ha mostrato che oltre 250 milioni di utenti utilizzano Snap Map su base mensile. Questo vi offre un modo semplice per entrare in contatto con il pubblico della vostra zona, che sarà più propenso a interagire con i vostri prodotti e servizi perché potrà recarsi fisicamente nel vostro negozio.

Marketing delle app

Una tendenza interessante su Snapchat è il fatto che gli utenti di Snapchat tendono ad essere le persone che scaricano molte applicazioni sui loro telefoni e che acquistano prodotti e servizi utilizzando le applicazioni. Un recente rapporto ha rilevato che oltre il 40% degli utenti di Snapchat ha dichiarato di scaricare in genere da una a cinque app a settimana, mentre oltre 46 milioni di utenti hanno dichiarato di utilizzare le app per effettuare acquisti almeno una volta al mese.

Queste informazioni sono particolarmente importanti per gli sviluppatori di app. Se volete lanciare campagne di marketing per le app che il vostro marchio sta rilasciando, Snapchat potrebbe essere il posto migliore per cercare il vostro pubblico di riferimento. Questo vale soprattutto perché la maggior parte degli utenti di Snapchat sono giovani. Il pubblico giovane è più propenso a cimentarsi con diverse app ed è più, oserei dire, esperto di tecnologia.

Contenuti piacevoli

Snapchat è generalmente una piattaforma per l'intrattenimento e per i contenuti piacevoli. Molti utenti l'hanno identificata come tale. I brand devono quindi pensare in modo strategico al tipo di contenuti che condivideranno con gli utenti nei loro feed e a come commercializzare i loro prodotti e servizi attraverso questo tipo di contenuti.

Approfondimenti Snap

Snap Insights è una funzione integrata che consente agli utenti di monitorare chi visualizza i loro contenuti e di vedere che tipo di contenuti stanno andando bene. Questo aiuterà ovviamente a modificare la strategia di marketing in modo da renderla più efficace e da indirizzare il pubblico che è interessato al vostro marchio e che potrebbe finire per acquistare beni e servizi venduti dal vostro marchio.

Contro dell'utilizzo di Snapchat per il marketing

Limitazioni alla creazione di contenuti

L'ovvia limitazione alla creazione di contenuti per Snapchat è la durata limitata di un post. Gli utenti non sono quindi in grado di tornare indietro ai post precedenti per vedere cosa si sono persi o per aggiornarsi sulle ultime informazioni condivise dal vostro marchio. Questo rende più complicato il lancio di campagne sui social media, perché è necessario che il pubblico veda il post che avete fatto lì per lì. Certo, potete pubblicarlo di nuovo, ma correte il rischio che gli utenti non guardino più i vostri scatti perché sanno che il vostro contenuto è ripetitivo. Ciò limita notevolmente l'aspetto della vostra strategia di marketing.

Inoltre, i video su Snapchat durano solo 10 secondi. Questo limita fortemente il tipo di contenuti video che si possono condividere, rispetto ad altre piattaforme di social media.

Mancanza di coinvolgimento degli utenti

Purtroppo, con Snapchat, non c'è modo di capire se gli utenti stanno guardando i video che pubblicate. Potrebbero averli saltati. Questo rende più difficile monitorare l'andamento dei video e verificare se è necessario cambiare le tattiche di marketing.

Nessuna opzione di ri-condivisione

Snapchat non è una piattaforma come Twitter, dove si può retwittare un post fatto da qualcun altro. Non esiste una funzione che permetta di fare una cosa del genere su Snapchat. L'unica possibilità è quella di fare uno screenshot e ripostarlo. Questo rende più difficile coinvolgere la propria base di utenti e connettersi con loro a un livello più profondo rispetto a Twitter o Facebook.

CAPITOLO 3: LANCIARE UNA CAMPAGNA DI SOCIAL MEDIA MARKETING

Nei due capitoli precedenti abbiamo spiegato perché il marketing in generale è importante e perché il social media marketing in particolare è diventato essenziale per il successo di un marchio. Abbiamo anche trattato a grandi linee tutte le principali piattaforme di social media e i pro e i contro associati a ciascuna di esse ai fini del social media marketing. Dopo aver affrontato questo argomento, è giunto il momento di entrare nei dettagli del social media marketing. Cominciamo con un aspetto spesso trascurato ma molto importante: la pianificazione e il lancio di una campagna di social media marketing.

Una campagna di social media marketing è il termine utilizzato per descrivere lo sforzo di marketing pianificato e coordinato da parte di un'azienda o di un marchio per utilizzare i social media al fine di creare determinati risultati, come l'aumento della consapevolezza del marchio, la creazione di una base di clienti o l'aumento delle vendite di determinati prodotti e servizi lanciati da quel marchio. Queste campagne prevedono quindi determinate strategie per produrre i risultati desiderati e influenzare il comportamento dei consumatori sui social media.

Lanciare una campagna sui social media è come avviare un'impresa. Ci sono alcuni obiettivi da raggiungere per il successo della campagna, a partire dalla fase di pianificazione, fino alla fase di esecuzione. La parte più importante del lancio di una campagna sui social media è la fase di pianificazione. Tutto deve essere pensato, scritto e pianificato passo dopo passo per garantire il massimo impatto. È come se le aziende vivessero e morissero in base al loro business plan. Un business plan corretto e meticoloso contribuisce in modo determinante al successo dell'azienda. Lo stesso vale per le campagne sui social media.

Detto questo, concentriamoci sul processo passo dopo passo per il lancio di una campagna sui social media. Una parte importante di questo processo sarà la pianificazione, per le ragioni già esposte.

Primo passo: definire gli obiettivi

La prima fase è elementare, ma molto importante: dovete decidere qual è l'obiettivo della vostra campagna di social media marketing. I vostri obiettivi giocheranno un ruolo cruciale nell'aiutarvi a decidere come sarà la vostra campagna, la sua durata e quali saranno le metriche giuste per misurarne il successo. Un'espressione originale nel mondo del marketing è che gli obiettivi devono essere SMART. In altre parole, devono essere specifici, misurabili, raggiungibili, pertinenti e limitati nel tempo.

Gli obiettivi della vostra campagna rientreranno probabilmente in una delle seguenti categorie:

Migliorare la consapevolezza del marchio

La "consapevolezza del marchio" è la misura in cui i consumatori sono in grado di riconoscere un determinato marchio e i prodotti e servizi che esso offre. A ciò è collegato il modo in cui i consumatori percepiscono la qualità dei prodotti e dei servizi di un marchio. Si tratta quindi di fare in modo che un numero sempre maggiore di consumatori conosca davvero il vostro marchio e le sue caratteristiche. In altre parole, il vostro obiettivo potrebbe essere quello di far sì che il vostro marchio diventi un nome familiare o venga associato a un determinato prodotto o servizio.

Connettersi con il pubblico

Come spiegato nel Capitolo 1, uno dei modi in cui potete costruire il vostro marchio è quello di entrare in contatto con i vostri clienti e sviluppare relazioni con loro. Le campagne di social media marketing possono semplicemente servire a questo scopo. Questo, a sua volta, può creare clienti fedeli che credono nel vostro marchio e che acquisteranno sempre ciò che vendete.

Aumentare il traffico del sito web

Uno degli obiettivi più tradizionali del marketing è far sì che i consumatori visitino il sito web del vostro marchio, in modo che un maggior numero di persone possa conoscere i prodotti e i servizi offerti dal vostro marchio e magari acquistarli. Spesso questo obiettivo può essere raggiunto inserendo i link nei post o rendendoli parte delle conversazioni che avvengono in seguito alla campagna di marketing lanciata.

Aumentare le vendite

Questo sarà probabilmente l'obiettivo finale. Le campagne di marketing forniscono la potenza di fuoco necessaria per aumentare la quantità di persone che acquistano i prodotti e i servizi venduti da un marchio e, di conseguenza, per aumentare la redditività del marchio stesso. In alcuni casi, potrebbe essere in uscita un prodotto specifico attorno al quale verrà lanciata una campagna di marketing, con l'obiettivo di portare i clienti verso quel prodotto specifico. In alternativa, la campagna potrebbe essere semplicemente finalizzata a incrementare le vendite per mettere l'azienda in una posizione migliore.

Secondo passo: Ricerca sulla concorrenza

Una parte importante della pianificazione di una campagna sui social media è scoprire cosa sta facendo la concorrenza. Verificate l'aspetto dei loro account sui social media, quali tipi di campagne stanno lanciando, il tipo di coinvolgimento che stanno ottenendo, cosa funziona e cosa non funziona e cosa potete fare di diverso. Tutte queste informazioni vi aiuteranno a perfezionare la strategia della vostra campagna e a capire come il vostro marchio può distinguersi quando lanciate la vostra campagna di marketing sui social media. Inoltre, vi aiuteranno a filtrare le idee che avete avuto e che in genere non funzionano bene con il vostro pubblico di riferimento.

Terzo passo: Conoscere il pubblico di riferimento

Un elemento fondamentale della pianificazione di una campagna di social media marketing è la conoscenza del proprio pubblico di riferimento. Non è sufficiente commercializzare il vostro marchio sui social media e sperare nel meglio. Il tipo di campagna di marketing che lanciate deve essere personalizzato per il vostro mercato di riferimento. Se le vostre strategie di marketing e i vostri post non sono in linea con gli interessi delle persone che state cercando di raggiungere, allora queste non si prenderanno la briga di partecipare agli sforzi del vostro marchio.

Se invece sapete cosa piace esattamente al vostro pubblico di riferimento e cosa li spingerà a impegnarsi con voi, avrete molte più probabilità di avere una campagna di marketing di successo.

Tenendo presente tutto ciò, è necessario condurre una ricerca approfondita sul proprio pubblico di riferimento. Cercate di capire bene chi sono e cosa fanno, ottenete buoni dati sui loro dati demografici, sull'ubicazione, sulla fascia di reddito, sui bisogni e sui desideri che hanno e che sono associati a ciò che il vostro marchio vende loro. Scoprite quali sono le piattaforme di social media su cui navigano, il tipo di post a cui si dedicano, i tipi di campagne di marketing che hanno funzionato con loro e ciò che potete offrire loro. In definitiva, dovete assicurarvi di tenere sempre a mente a chi state cercando di rivolgervi e perché, e poi lasciare che questo permei la vostra strategia di social media marketing. Non riuscire a entrare in contatto con il proprio pubblico di riferimento è il modo più rapido per fallire. Non commettete questo errore.

Quarto passo: Scegliere la piattaforma dei social media

È probabile che il vostro pubblico target non sia presente su tutte le piattaforme di social media. Anche tra le piattaforme su cui hanno un account, è probabile che non controllino regolarmente i loro feed su tutte. Solo perché qualcuno ha un account Instagram non significa che usi Instagram. Per quanto ne sapete, aprono l'app solo quando un amico invia loro un link che può essere utilizzato solo su Instagram. Oppure potrebbe avere Facebook solo per ricevere le notifiche sui compleanni degli amici. Ecco perché il termine "utenti attivi" è molto importante quando si cerca di capire quale piattaforma utilizza il pubblico target. Un utente attivo è una persona che utilizza regolarmente una piattaforma di social media. Una metrica ancora più precisa è "utente attivo giornaliero". Questo dovrebbe aiutarvi a filtrare quali piattaforme utilizzano i vostri follower e la frequenza con cui le usano.

Una volta individuate le piattaforme su cui è presente il vostro pubblico target, il passo successivo consiste nel determinare quali sono le piattaforme più adatte al vostro marchio. Come spiegato nel Capitolo 2, ogni piattaforma di social media ha i suoi pro e contro e le sue sfide logistiche. Dovete scegliere le piattaforme sulle quali ritenete che il vostro marchio sia in grado di offrire il miglior tipo di contenuti. Tuttavia, è possibile che abbiate poca scelta, soprattutto se il vostro pubblico di riferimento naviga tra un numero limitato di piattaforme di social media.

Quinto passo: Creare un piano d'azione

Il passo successivo nella pianificazione di una campagna di social media marketing è quello di aver scritto in dettaglio come sarà esattamente la campagna. In altre parole, dovete definire il tipo di contenuto che pubblicherete su queste piattaforme di social media, in modo che sia in linea con i vostri obiettivi e con ciò che funziona meglio con il vostro pubblico di riferimento. Qualunque sia la strategia adottata, una delle cose più importanti da fare è raccontare una storia coerente. Questa è la storia del perché state conducendo la campagna, del valore che gli utenti otterranno dalla partecipazione e dell'obiettivo finale.

Le strategie di contenuto più diffuse che hanno funzionato per molti in passato includono le seguenti:

Influencer Outreach

Abbiamo accennato brevemente a questa strategia di marketing nel capitolo precedente. Si tratta dell'identificazione di influencer sulle piattaforme di social media a cui ci si rivolge e con cui si può collaborare per promuovere il proprio marchio. In genere, questi influencer ricevono una sorta di compenso come risultato. Il vostro obiettivo è quello di mettere in contatto il vostro marchio con il loro pubblico, che idealmente sarà l'esatto mercato target a cui volete pubblicizzare i vostri prodotti e servizi. Ad esempio, una tendenza comune tra i marchi di consegna di generi alimentari è quella di collaborare con creatori di contenuti su YouTube che realizzano tutorial su come cucinare. Se il vostro marchio consegna la spesa a domicilio, il pubblico di quel creatore di contenuti potrebbe essere più propenso a impegnarsi con il vostro marchio perché la consegna della spesa faciliterà la loro capacità di cucinare le ricette che vedono su YouTube. Lo stesso tipo di ragionamento si applica agli influencer di settori come il fitness, l'abbigliamento e gli accessori, le recensioni di film e videogiochi, ecc.

L'influencer scelto deve quindi essere in linea con il tipo di prodotti e servizi che il vostro marchio offre. Di conseguenza, sarà importante fare ricerche approfondite sull'influencer con cui si vuole collaborare per assicurarsi che sia adatto.

Pubblicità a pagamento

Come accennato nel capitolo precedente, il marketing organico sui social media consiste nel raggiungere il pubblico senza ricorrere a pubblicità a pagamento. Le strategie per la pubblicazione di contenuti sui social media, quando si parla di marketing organico, consistono nel coinvolgere e connettersi con il pubblico esistente e sfruttare gli algoritmi dei social media per raggiungere più persone. Tuttavia, come spiegato in precedenza, il problema principale del marketing organico sui social media è che i numeri non sono molto favorevoli quando si tratta di raggiungere organicamente un nuovo pubblico. La percentuale di utenti che vedono organicamente i vostri post e che sono nuovi utenti sulle piattaforme di social media raggiunge a malapena il 6%.

È qui che entra in gioco la pubblicità a pagamento. La pubblicità a pagamento è quando i marchi pagano le piattaforme di social media per far condividere i loro contenuti con un nuovo pubblico. Spesso questo comporta la condivisione dei contenuti con un pubblico mirato molto specifico, idealmente interessato ai contenuti condivisi dal marchio o ai prodotti e servizi commercializzati dal marchio. La pubblicità a pagamento è aumentata negli ultimi anni, in risposta all'aumento di persone che diventano utenti attivi delle piattaforme di social media e che trascorrono più tempo sui social media in generale.

La pubblicità a pagamento è quindi uno dei modi migliori per raggiungere un nuovo pubblico sulle piattaforme di social media. Tuttavia, questo deve essere integrato con un social media marketing organico, mirato a connettersi e a costruire relazioni con il pubblico esistente che già conosce il vostro marchio.

Contenuti generati dagli utenti (UGC)

Avete mai visto una tendenza sui social media in cui gli utenti eseguono un determinato compito all'insegna di un hashtag? Una delle più famose è stata la sfida del secchio di ghiaccio, in cui gli utenti pubblicavano video in cui si facevano la doccia con un secchio di ghiaccio e poi sfidavano qualcun altro a fare altrettanto. Questa sfida è diventata virale sulla maggior parte delle piattaforme di social media, con persone di tutto il mondo che hanno partecipato all'ice bucket challenge. Questa sfida ha sensibilizzato l'opinione pubblica mondiale sulla SLA e, di conseguenza, ha portato alla donazione di milioni di dollari. Questo, in sostanza, è il contenuto generato dagli utenti.

L'obiettivo è che un marchio proponga un'attività divertente e coinvolgente sui social media, spesso in cambio di una ricompensa. Gli utenti potrebbero dover raccontare una storia o condividere un video o un'immagine, e il post migliore riceverebbe una ricompensa. Per i marchi, questo può essere semplice come richiedere agli utenti di condividere sui social media una foto o un video in cui si utilizza il prodotto in qualche modo. In questo modo si può generare un'attenzione particolare nei confronti di un nuovo prodotto che il marchio ha rilasciato di recente.

Contenuto appiccicoso

Forse una delle opzioni più comuni e più vantaggiose per un marchio è quella di pubblicare contenuti che coinvolgano direttamente gli utenti e li spingano a condividerli con altri o ad acquistare il prodotto o il servizio pubblicizzato nel post. L'obiettivo è fornire contenuti che entrino in risonanza con l'utente, lo intrattengano o rispondano a un suo bisogno o problema specifico. Pianificare, creare e realizzare questo tipo di contenuti "appiccicosi" è ovviamente più facile a dirsi che a farsi, ma con un'adeguata ricerca di mercato e un feedback utile, questo è un obiettivo raggiungibile.

Sesto passo: Tracciare la strategia dei contenuti

La gestione di una campagna sui social media può essere frenetica. È necessario tenere sotto controllo la creazione di contenuti, il coinvolgimento degli utenti, gli aggiornamenti e assicurarsi che tutto fili liscio. Uno dei modi per rendere il processo più semplice per il vostro marchio è quello di tracciare la vostra campagna su un calendario di qualche tipo. Stabilite le date in cui volete pubblicare determinati contenuti e quali saranno, quindi tracciate gli altri elementi chiave della vostra campagna. Continuate a consultare questo calendario per assicurarvi di avere tutto sotto controllo e per rivedere, se necessario, le modifiche da apportare.

Ci sono molti strumenti a disposizione che possono aiutare il vostro marchio a gestire la campagna. Per esempio, Hootsuite, Crowdfire e CoSchedule forniscono strumenti che facilitano la programmazione dei post e il monitoraggio delle attività.

Settimo passo: Lanciare la campagna e continuare a monitorarla

Una volta pianificati tutti i dettagli della vostra campagna di social media marketing, il passo successivo è quello di iniziare davvero! Iniziate a eseguire tutte le fasi chiave della vostra campagna e tenete traccia di tutto.

Un elemento chiave del lancio della vostra campagna sarà quello di tenere traccia delle metriche. In altre parole, dovete verificare il successo della vostra campagna di marketing, valutando il livello di coinvolgimento, l'aumento dei follower, il traffico sui siti web e l'incremento delle vendite. Questi dati possono essere solitamente monitorati attraverso le funzioni integrate della piattaforma di social media su cui si fa pubblicità, anche se naturalmente esistono diversi software e servizi che vi aiuteranno ad accedere e interpretare un numero ancora maggiore di metriche.

CAPITOLO 4: COSA PUBBLICARE SUI SOCIAL MEDIA?

Una volta lanciata la vostra campagna di social media marketing, una delle sfide principali che il vostro marchio dovrà affrontare è quella di continuare a generare nuovi contenuti sulle vostre piattaforme di social media. Se i vostri post diventano stantii, ripetitivi o inesistenti, è probabile che il vostro marchio perda coinvolgimento e rilevanza sui social media e che il vapore accumulato nella vostra campagna di marketing si esaurisca lentamente. Un altro problema potrebbe essere quello di non sapere esattamente cosa postare sui social media, rendendo così i vostri sforzi di marketing molto lenti a decollare.

Non è necessario affrontare questo tipo di problemi nella vostra campagna di marketing. Lo scopo di questo capitolo è quello di fornire un grande elenco di idee che potete prendere e utilizzare per le attività del vostro marchio sui social media. Prendete alcune di queste idee che ritenete adatte al vostro marchio, testatele e verificate quali tipi di post hanno maggiore risonanza sul vostro pubblico.

Idee di contenuto per i social media

Evidenziare i propri contenuti

Il vostro marchio o la vostra azienda ha un sito web che pubblica regolarmente articoli, blog o notizie? Se è così, uno dei modi più semplici per mantenere fresco il vostro feed sui social media è mettere in evidenza questi contenuti nei vostri post e fornire un link. Per rendere il tutto più accattivante, potete includere una breve descrizione del contenuto, oppure fornire una citazione che catturi l'attenzione dell'ascoltatore e lo spinga a cliccare sul link e a leggerlo. Altre idee possono essere quelle di mettere in evidenza una serie di podcast che la vostra azienda sta realizzando, o di mettere in evidenza i video pubblicati sul vostro canale YouTube.

Avviare una serie giornaliera, settimanale o mensile

L'avvio di una serie è uno dei modi più semplici per garantire la pubblicazione di contenuti freschi sul feed del vostro marchio. In questo caso, potete prendere un argomento specifico e pubblicarlo regolarmente. Ad esempio, ogni venerdì per un mese potete condividere una nuova ricetta con il vostro pubblico. Oppure potreste iniziare un #MotivationMondays, con l'obiettivo di ispirare il vostro pubblico ad affrontare la settimana e a lavorare sodo attraverso l'uso di citazioni, video, storie di persone di successo del settore, ecc. Con questo tipo di serie, potete creare un'atmosfera di entusiasmo e far sì che il vostro pubblico sia impaziente di vedere quale sarà il vostro prossimo post. Le persone potrebbero persino iniziare a seguire il vostro marchio o a iscriversi al vostro canale semplicemente per rimanere aggiornati sulle serie che state pubblicando.

Ospitare un Q&A o un Ask Me Anything

La maggior parte delle piattaforme di social media dispone di una funzione livestream che consente agli utenti di sintonizzarsi su uno stream e di porre domande in diretta. Una sessione di domande e risposte ha lo scopo di consentire al pubblico di porre qualsiasi domanda sul vostro marchio, sui prodotti e sui servizi che offrite o di segnalare problemi che hanno con prodotti e servizi, in modo che possiate aiutarli. In questo modo è possibile entrare facilmente in contatto con il pubblico e costruire un rapporto con esso.

I live stream di Ask Me Anything hanno uno scopo diverso. Lo scopo degli AMA è quello di permettere al vostro pubblico di scervellarsi e di conoscervi. Le domande che vengono poste possono riguardare qualsiasi cosa e dovrebbero consentire ai clienti di vedere il lato personale della vostra azienda e di aumentare la consapevolezza del marchio. Quando i clienti ascoltano la vostra storia e sono in grado di entrare in contatto con voi sulla base delle domande che vi pongono, hanno la sensazione di conoscere veramente voi e il vostro marchio.

Concorsi e omaggi

I concorsi e gli omaggi in genere ottengono buoni risultati sui social media. I dati ce lo dicono. In uno studio condotto nel 2019, è emerso che il 91% dei post di Instagram che hanno avuto più di 1.000 like o commenti erano legati a un concorso. Inoltre, è emerso che gli account che hanno organizzato concorsi regolarmente hanno registrato una crescita dei follower del 70% più rapida rispetto a quelli che non lo hanno fatto. I concorsi e gli omaggi, quindi, funzionano molto bene per generare clamore e creano contenuti freschi ogni volta che si pubblica un concorso o un omaggio.

I concorsi richiedono una sorta di attività che gli utenti svolgono per vincere un premio per il miglior post. Ripensate al tipo di idee discusse in precedenza in relazione ai contenuti generati dagli utenti. Questi concorsi hanno lo scopo di aumentare la consapevolezza del marchio e di mettere in evidenza un determinato prodotto che il marchio sta cercando di vendere. Gli omaggi, invece, funzionano in modo leggermente diverso. Spesso ruotano attorno a un sistema randomizzato per decidere quale dei partecipanti si aggiudica il prodotto.

L'avvio di concorsi e omaggi è un processo relativamente semplice: è necessario avere qualcosa da regalare, termini e condizioni, un modo per partecipare e un punto di contatto. I termini e le condizioni devono essere in linea con le leggi sul gioco d'azzardo vigenti nella vostra zona. La modalità di partecipazione deve essere creativa, come l'utilizzo di un hashtag o la pubblicazione di un video in cui si utilizza il prodotto in un determinato modo.

Tutorial e messaggi didattici su come procedere

Questo tipo di contenuti deve riguardare i prodotti e i servizi che il vostro marchio offre. Ad esempio, potrebbe essere un post che mostra agli utenti come utilizzare uno dei vostri prodotti o come attivare una determinata funzione. Il punto è fornire consigli pratici e utili che gli utenti apprezzeranno o che li interesseranno.

I video didattici forniscono una spiegazione di alcune cose, come lo scopo di determinati prodotti o servizi o le attività della vostra azienda.

Contenuti dietro le quinte

Si tratta di dare agli utenti la possibilità di sbirciare dietro le quinte e di conoscere i meccanismi interni della vostra azienda. Si può trattare di come avete realizzato un determinato prodotto, di un giorno nella vita, di un video che mostra un determinato processo in corso, di immagini di uffici, feste, eventi, ecc. Questo permette agli utenti di vedere la personalità del vostro marchio e di sentirsi più legati al vostro marchio, perché non vedono più solo un logo, ma anche persone reali. Può svolgere un ruolo importante nella costruzione del vostro marchio, garantendo al contempo la freschezza dei vostri contenuti.

Sondaggi e quiz

Molte piattaforme di social media consentono di pubblicare un sondaggio e di far votare la propria base di utenti su qualcosa. Inoltre, consentono di proporre una sorta di quiz, in cui gli utenti possono scegliere tra varie opzioni e selezionare quella giusta. Di solito, la risposta giusta o sbagliata viene visualizzata immediatamente.

I brand possono utilizzare questi strumenti a loro vantaggio. Ad esempio, possono avviare un sondaggio su un prodotto o un servizio che vogliono lanciare e ottenere il parere dei loro clienti su Twitter o Instagram utilizzando un sondaggio. Potrebbero anche lanciare dei quiz incentrati su argomenti popolari o su fatti interessanti relativi al loro settore. Ad esempio, un'azienda che opera nel settore dello sport può proporre quiz su questo sport, come il numero di campionati vinti dai LA Lakers nell'NBA, o quale giocatore dell'NBA ha giocato per i NY Knicks, i Miami Heat e i Chicago Bulls. Un'idea particolarmente creativa è stata quella di un marchio che ha chiesto agli utenti di indicare il paese di provenienza, per poi pubblicare un video su un giocatore di calcio di quel paese e su un gol impressionante che ha segnato.

Riflettori puntati su clienti e committenti

Si tratta di mettere in evidenza un cliente o una cliente fedele e di condividere una sorta di post su di lui. Potrebbe trattarsi di una foto o di un video in cui utilizzano il vostro prodotto, oppure di una foto o di un video in cui spiegano perché sono rimasti fedeli al vostro marchio così a lungo. Questo può essere particolarmente d'impatto se il cliente è un nome noto o un influencer che il pubblico tende ad ascoltare. Può anche trattarsi di un semplice post in cui spiegate perché vi piace averli come clienti.

Caratteristiche dei membri del team

Questa è un'altra opportunità per creare una serie di post su un argomento specifico. In questo caso, l'argomento specifico è il vostro team. In questo caso, dovrete pubblicare contenuti su ogni membro del vostro team, spiegando chi sono, cosa fanno e altre informazioni che ritenete rilevanti per la vostra base di utenti. Durante la creazione del post, includete anche una foto o un video che li ritragga. Questo permette ai clienti di dare un volto al vostro marchio e aggiunge un tocco più personale che li farà sentire più legati al vostro marchio.

Interviste

Per quanto riguarda le interviste, uno dei modi più efficaci è quello di intervistare membri importanti di un settore o di una professione a cui il vostro marchio si rivolge, oppure di intervistare un influencer con cui state collaborando e che ha un pubblico che beneficerebbe dei prodotti e dei servizi offerti dal vostro marchio. In questo modo, si offre agli utenti intrattenimento, contenuti freschi e si pubblicizza il proprio marchio presso il pubblico di un influencer o di un professionista.

Acquisizione dei social media

I social media takeover sono essenzialmente quando una persona diversa dal marchio stesso gestisce la pagina di un marchio sui social media per un giorno. Spesso si tratta di pubblicare aggiornamenti di stato e di organizzare sessioni di domande durante la giornata. Come nel caso delle interviste, questo può coinvolgere influencer, membri di un settore o professionisti a cui il vostro marchio si rivolge o il cui pubblico volete raggiungere con i vostri prodotti e servizi.

Condividere una pietra miliare

Che si tratti di una pietra miliare relativa alla durata dell'attività, alla redditività, al numero di utenti che seguono i vostri profili sui social media o che si sono iscritti al vostro canale YouTube, o di qualsiasi altra cosa che possa essere considerata una pietra miliare, questo tipo di post può funzionare bene con la vostra base di utenti, perché mostra loro che siete grati per la loro fedeltà al vostro marchio e che siete sulla buona strada per raggiungere qualcosa di grande.

Collaborare con un altro marchio

Un'idea interessante che potete sfruttare è quella di condurre una campagna di marketing con un altro marchio con cui non siete in concorrenza diretta. Questo vi permette di avere più persone a disposizione, di condurre campagne di marketing più grandi e di attingere al pubblico dell'altro marchio.

Creare un meme

Questo è probabilmente uno dei tipi di cose più rischiose da pubblicare sulla vostra piattaforma di social media, soprattutto perché l'umorismo è soggettivo. Se si sbaglia, gli utenti possono sentirsi offesi da ciò che si pubblica e questo può danneggiare la reputazione del marchio. D'altro canto, però, un meme davvero divertente può diventare virale e aggiungere più personalità al vostro marchio e creare nuovi follower. Se decidete di seguire questa strada, sarà importante assicurarsi che il post sia in linea con l'umorismo del vostro pubblico.

Messaggi di routine sui social media

Oltre a quanto sopra, ci sono altri tipi di post ordinari sui social media che il vostro marchio può utilizzare per mantenere il suo impegno. Si può trattare di commentare e rispondere ad altri utenti, mettere mi piace, retwittare, postare su eventi e promozioni imminenti, postare sugli orari di apertura e altre informazioni rilevanti, oltre ad altri tipi di post.

Riproporre i contenuti

Uno dei modi meno ovvi per assicurarsi di avere sempre contenuti da pubblicare sulle proprie piattaforme di social media è quello di riutilizzare i contenuti già presenti altrove. Ad esempio, se sul vostro sito web ci sono dei post di blog che potrebbero essere condivisi sulle vostre piattaforme di social media, potreste ritagliare parti rilevanti di questi blog e trasformarle in immagini, video o fatti noti da pubblicare sulle vostre piattaforme di social media. Se, ad esempio, un post del blog illustra un processo passo dopo passo per l'utilizzo di un determinato prodotto o per sfruttare una certa funzionalità, potete creare immagini da pubblicare quotidianamente, che illustrino i passi che gli utenti possono compiere. In alternativa, potete creare un video che illustri questi passaggi.

Cosa non fare sui social media

Se da un lato è importante conoscere bene i tipi di materiale che si possono pubblicare sui social media, dall'altro è necessario sapere cosa non si dovrebbe pubblicare, per evitare di dover affrontare un serio problema di pubbliche relazioni o problemi con le stesse piattaforme di social media.

Il dilemma del copia/incolla

Quando si tratta di pubblicare contenuti sui social media, è ovvio che si voglia fare in modo di pubblicarli ovunque, per garantire che raggiungano l'intero pubblico per ottenere il massimo effetto. La domanda da porsi è: come fare esattamente? Si potrebbe pensare che sia sufficiente copiare ciò che è stato pubblicato su una piattaforma di social media e incollarlo su quella successiva. Tuttavia, questo approccio presenta alcuni problemi fondamentali.

Ogni piattaforma di social media si rivolge in larga misura a un pubblico diverso. Anche se si rivolgono allo stesso pubblico, il tipo di contenuti che gli utenti si aspettano di vedere su queste piattaforme varia. Gli utenti di LinkedIn si aspettano di vedere contenuti professionali, legati alla carriera o agli affari. Gli utenti di Instagram si aspettano di essere intrattenuti da immagini e video. Gli utenti di Twitter si aspettano soprattutto tweet informativi, educativi, di intrattenimento o di ispirazione. Gli utenti di TikTok si aspettano di essere intrattenuti da video. Sarebbe strano che un utente pubblicasse un tutorial di lavoro a maglia su LinkedIn o un video di un'ora su Instagram che non sia un livestream o un'intervista registrata. Gli utenti si aspettano diversi tipi di contenuti sulle piattaforme di social media che utilizzano, indipendentemente dal fatto che ne usino diverse o che seguano il vostro marchio su ciascuna di esse.

Inoltre, gli utenti potrebbero pensare che non sia necessario seguirvi su tutte le vostre piattaforme di social media se tutto ciò che fate è copiare e incollare lo stesso materiale su ciascuna di esse. Ciò significa che non potete entrare in contatto con la rete di quell'utente su tutte le piattaforme di social media su cui opera perché ha deciso di seguirvi solo su una di esse. Un utente potrebbe avere amici/follower diversi per ogni piattaforma che gestisce per vari motivi. Su LinkedIn, ad esempio, potrebbe connettersi con professionisti e colleghi, mentre su Instagram con gli amici del liceo e dell'università. Potreste perdere la possibilità di raggiungere potenziali clienti a causa di una mancata diversificazione.

Per evitare questo problema, è necessario curare i propri contenuti in base alla piattaforma di social media su cui si opera. Sebbene questo possa sembrare un lavoro molto impegnativo, a lungo termine si rivelerà vantaggioso. Soddisfacendo le aspettative degli utenti di quella particolare piattaforma, aumenterete le possibilità di creare nuovi follower, di fidelizzare quelli esistenti e di attirare più clienti verso i vostri prodotti e servizi per motivi diversi, che dipendono dalla piattaforma che avete utilizzato per raggiungerli.

Comportamento scorretto

Un principio importante da seguire quando si pubblica sui social media è che il marchio deve mantenere la propria reputazione. I post che danneggiano la vostra reputazione possono diventare virali, influenzare la vostra base di clienti e infine diminuire le vostre vendite. Non è necessario perdere clienti per un post o un commento sui social media che si sarebbe potuto evitare semplicemente non pubblicandolo. Se possibile, evitate contenuti controversi che possano dividere o offendere la vostra clientela. Rispondete adeguatamente alle lamentele della vostra base di utenti. Evitate di rispondere ai commenti con la stessa ferocia che potreste aver ricevuto da un altro utente. Evitate a tutti i costi il trolling, a meno che non sia molto leggero e che tutti capiscano il contesto in cui si inserisce. Anche in questo caso, è necessario agire con molta cautela.

Per evitare questi problemi è necessario adottare una politica sui social media. Questa politica deve essere ben compresa dalle persone che gestiscono le vostre piattaforme di social media, se ne avete, e dovrete continuare a monitorare il tipo di contenuti che vengono pubblicati sulla vostra pagina di social media dai vostri dipendenti o dai marketer che lavorano per vostro conto.

CONCLUSIONE

Le imprese non hanno bisogno di rinunciare a un braccio e a una gamba per condurre un marketing efficace. Mentre le grandi aziende spendono miliardi di dollari in pubblicità, assicurandosi che il loro nome sia presente ovunque e dappertutto, le piccole imprese tradizionalmente non devono nemmeno sognare di raggiungere tali risultati. Tuttavia, i social media livellano il campo di gioco e offrono alle piccole imprese un modo per competere, rendendo i loro marchi disponibili ai consumatori di tutto il mondo con un semplice clic. Tutto ciò che le aziende devono fare è essere disposte a impegnarsi nel social media marketing e adottare le strategie descritte in questo libro per lanciare una campagna di social media marketing. Anche se la vostra azienda potrebbe aver bisogno di spendere soldi per gli annunci e forse anche per entrare in contatto con gli influencer, il costo per farlo spesso non è affatto esorbitante.

Una delle cose più importanti da ricordare quando si fa social media marketing è che il pubblico di riferimento è la chiave di tutto. Anche se può sembrare strano sentirselo dire, è comunque vero. Il marketing non riguarda solo voi o il vostro marchio, ma anche il vostro pubblico di riferimento. Si tratta delle persone che si impegneranno con il vostro marchio sui social media e decideranno se acquistare (o continuare ad acquistare) i vostri prodotti o servizi. Dovete coinvolgerli al loro livello. Alcuni post sui social media potrebbero non funzionare per un gruppo di persone, ma idealmente funzioneranno per il gruppo di persone a cui vi rivolgete. Dovete capire quali sono le loro esigenze e i loro desideri, quali sono i loro problemi e come il vostro marchio può aiutarli. Lasciate che questo messaggio permei tutta la vostra campagna di marketing per garantire che il vostro marchio diventi attraente per i potenziali clienti per le giuste ragioni.

Bisogna anche tenere presente che non tutte le piattaforme di social media sono adatte alla vostra attività. Ogni piattaforma ha le sue caratteristiche uniche, i suoi pro e contro e il suo pubblico di riferimento. Questo deve influenzare il tipo di post che fate su ciascuna piattaforma e le strategie che utilizzate. Le strategie utilizzate su Twitter, ad esempio, molto probabilmente non funzioneranno su Snapchat. Le strategie utilizzate su Instagram probabilmente non funzioneranno su LinkedIn. Non essere in grado di distinguere tra le esigenze di ciascuna piattaforma è il modo più rapido per fallire.

La terza cosa da tenere a mente è che il coinvolgimento è il nome del gioco. Continuate a pubblicare novità sulle vostre pagine di social media e a coinvolgere la vostra base di utenti. Se necessario, assumete qualcuno che faccia questo lavoro per voi, ma assicuratevi che sia ben addestrato e che sappia esattamente cosa state cercando. La mancanza di coinvolgimento è il modo più rapido per perdere rilevanza nello spazio dei social media e quindi per influenzare il traffico e le vendite del vostro marchio.

Infine, tenete traccia delle metriche. Purtroppo, il fatto che abbiate elaborato un ottimo piano non significa che funzionerà. Il social media marketing si basa su tentativi ed errori. Dovete testare ciò che funziona e ciò che non funziona. Non abbandonate la vostra attività di marketing dopo un solo fallimento. Prendete le vittorie e usatele di nuovo, e trasformate i fallimenti in lezioni. Dopo alcuni tentativi, dovreste disporre di un piano di marketing molto migliore, in grado di garantire che il vostro marchio aumenti il suo seguito, generi più traffico e porti più vendite. A tal fine, è necessario tenere l'orecchio teso e rendersi conto di quali post stanno ottenendo trazione, quali non stanno guadagnando terreno, quali hanno portato più traffico e più vendite e cosa si può fare per migliorare. Tenete anche traccia di ciò che fa la concorrenza e imparate da loro.

Per concludere, desidero ringraziarvi per aver dedicato del tempo alla lettura di questa guida e all'apprendimento del marketing sui social media. Spero che questo libro vi sia stato utile. Ricordate: siate pazienti e non abbiate paura di testare e modificare diverse strategie di marketing. Vi auguro la migliore fortuna nei vostri sforzi di marketing sui social media!